LA BATALLA CONTRA EL TEDIO

LAS AVENTURAS DEL HEROICO AVENTURERO Y BLT

Aventura Nº1 - Cómo Dibujar Caricaturas

EL HEROICO AVENTURERO™

Ben Adams   Ray Nelson   Doug Kelly

EL HEROICO AVENTURERO.

Historia:
Ray Nelson
Ben Adams

Dirección artística:
Ben Adams

Lápices y tinta:
Ben Adams
Ray Nelson
Douglas Kelly

Amaestrador de animales:
Mike McLane

Disfraces:
Chris Nelson
Holly McLane

Computadora:
Ben Adams
Ray Nelson
Julie Hansen
Kyle Holveck
Aaron Peeples
Kari Rasmussen
Matt Adams
Brud Giles

Redactor:
Brian Feltovich

EN UN FUTURO NO MUY LEJANO...

Envía un mensaje electrónico al Heroico Aventurero a la dirección:
avenger@flyingrhino.com

Flying Rhinoceros
P.O. Box 3989 Portland, Oregon 97208
www.flyingrhino.com

ISBN 1-59168-019-4
Número de control en la biblioteca del Congreso:
2002100006

DE LOS ESCOMBROS ASCIENDE EL HEROICO AVENTURERO, LA ÚNICA ESPERANZA PARA EL PLANETA TIERRA. UNA FIGURA CORPULENTA SE ELEVA SOBRE LA CIMA DEL DESASTRE PARA OBSERVAR LA ESCENA QUE HAY A SUS PIES. SUS MÚSCULOS SE TENSAN CUANDO VUELVE SU ENORME CABEZA DE IZQUIERDA A DERECHA. LO QUE EN SU DÍA FUE UN PLANETA LLENO DE RISAS, SE HA CONVERTIDO AHORA EN EL PATIO DE JUEGO DEL TEDIO... ¡¡¡DEL BARÓN DEL TEDIO!!!

¡OYE, SEÑOR MÚSCULOS! ¿PUEDES DEJAR DE HACER FLEXIONES UN SEGUNDO Y AYUDARME A SUBIR?

PERDONA, BLT.

UNA PAREJA DISPAREJA SIN DUDA, EL HEROICO AVENTURERO Y BLT SE PREPARAN PARA CUMPLIR SU DESTINO. LA SUERTE DE TODOS LOS SERES DE ESTE PLANETA, QUE FUE PRÓSPERO EN SU DÍA, RECAE AHORA EN LAS PEZUÑAS DE NUESTROS HÉROES.

3

¿TE ACUERDAS, BLT, CUANDO LA TIERRA ERA UN PLANETA LLENO DE RISAS? ¿CUÁNDO LOS COLORES ALEGRES LLENABAN EL CIELO Y LA CREATIVIDAD SE ENCONTRABA A LA VUELTA DE CADA ESQUINA?

¿HAS DICHO ALGO, H.A.? ESTABA HOZANDO EN ESTE CHARCO DE BAZOFIA.

NO IMPORTA MI PUERQUITO SIMPLÓN...NO IMPORTA.

ERA COMO SI EL PLANETA HUBIERA QUEDADO CUBIERTO PARA SIEMPRE POR LA OSCURIDAD. EN REALIDAD, SÓLO HABÍAN TRANSCURRIDO UNOS POCOS MESES. ¿CÓMO PUDO PRODUCIRSE ESTA CATÁSTROFE TERRIBLE?

¿CÓMO PUDO PRODUCIRSE ESTA CATÁSTROFE TERRIBLE?

4

TODO COMENZÓ. . . CUANDO UN NIÑO PEQUEÑO LLAMADO PABLITO PINTAMONAS ENTREGÓ UN PROYECTO ARTÍSTICO EN LA ESCUELA. PABLITO ESTABA MUY ORGULLOSO DEL PROYECTO. HABÍA DIBUJADO UNA ESCENA DETALLADA DE MONSTRUOS EXTRATERRESTRES COMIÉNDOSE LAS CABEZAS DE UNA MULTITUD DE GENTE ATERRORIZADA. (EL DIBUJO DE PABLITO ERA UN POCO REPUGNANTE, PERO ERA REALMENTE UN BUEN EJEMPLO DE CREATIVIDAD.) CUANDO PABLITO ENTREGÓ SU OBRA DE ARTE, SU MAESTRA LE ECHÓ UNA REPRIMENDA MUY SEVERA. LE DIJO QUE EL CÉSPED SIEMPRE ES VERDE Y EL CIELO SIEMPRE ES AZUL. LA MAESTRA TAMBIÉN LE DIJO QUE EL TEMA DE EXTRATERRESTRES QUE SE COMEN A LA GENTE DEL PUEBLO NO ES APROPIADO PARA EL ARTE Y QUE DEBERÍA SIEMPRE COLOREAR DENTRO DE LAS LÍNEAS.

ESTO DEJÓ A PABLITO ANONADO. EL NIÑO PERDIÓ HASTA EL ÚLTIMO RASTRO DE CREATIVIDAD QUE LE QUEDABA EN EL CUERPO. ENTONCES, UN DÍA, DESPUÉS DE MIRAR DOCE HORAS SEGUIDAS LA TELEVISIÓN, EL PEQUEÑO PABLITO SE PUSO EN PIE Y GRITÓ...

¡YA NO LO AGUANTO MÁS!

"A PARTIR DE HOY, SE ME CONOCERÁ COMO EL **BARÓN DEL TEDIO**, Y EL RESTO DEL MUNDO TENDRÁ QUE SUFRIR CONMIGO. SI NO ME DEJAN SER CREATIVO, ME VOY A LLEVAR CONMIGO A LOS DEMÁS SERES VIVOS A LAS PROFUNDIDADES DEL TEDIO. ¡ESTE PLANETA NUNCA JAMÁS VERÁ NI CÉSPED VERDE NI CIELOS AZULES!

5

Y ASÍ, MI QUERIDO MONTÓN DE CHICHARRONES, ES COMO NACIÓ EL BARÓN DEL TEDIO. ESTE LUGAR DEPRIMENTE DONDE VIVIMOS ES OBRA DEL TEDIO... DEL BARÓN DEL TEDIO.
NO MIRES AHORA, H.A., PERO ALGUNAS DE LAS CREACIONES DEL BARÓN VIENEN HACIA AQUÍ ¡Y NO TRAEN CARA DE BUENOS AMIGOS!

¡ES HORA DE PONERSE A TRABAJAR, BLT!

ESTO ES OBRA DEL TEDIO, SIN DUDA. NO HAY NADA MÁS DESOLADOR QUE UNA FIGURA DE PALO SIMPLONA Y ABURRIDA. ES HORA DE ECHARLE UN POCO DE MAGIA RINOCERONTIL Y DARLE A ESTA CRIATURA UN POCO DE PERSONALIDAD. LO PRIMERO QUE NECESITAMOS SON LOS BORRADORES QUE LLEVAMOS EN EL CINTURÓN. VAMOS A BORRAR ESTE INTENTO FALLIDO DE HACER UNA CARA.

¡TOMA ESTO, CRIATURA DEL TEDIO!

HERRAMIENTAS

Lo primero que hay que hacer es seleccionar las herramientas que quieres usar. Todo lo que necesitas es algo con qué dibujar y algo sobre qué dibujar. No tengas miedo de experimentar con herramientas nueva y raras.

Cuaderno de bocetos o bloc de dibujos

El cuaderno de bocetos o bloc de dibujos es una de las herramientas más importantes con que vas a trabajar. Puedes comprar un cuaderno de bocetos en cualquier tienda de materiales escolares o de arte. Pueden costar desde $2 hasta $30. Si no puedes ir a la tienda, o no tienes el dinero necesario, puedes unir varias hojas de papel con grapas. Haz todos tus experimentos y bocetos en el cuaderno de bocetos. Puedes usar el cuaderno para juntar todas tus ideas.

Plumas o bolígrafos

Hay muchos tipos diferentes de plumas y bolígrafos. Utiliza tu cuaderno de bocetos para probarlas. Cuando uses una pluma en el cuaderno, escribe al lado del dibujo qué tipo de pluma es. De esa manera, si te gusta el estilo puedes usarla otra vez. Incluso un sencillo bolígrafo puede servir para dibujar una gran caricatura. Recuerda que la misma pluma en tipos diferentes de papel puede tener un efecto completamente distinto.

Lápices

Hay lápices de diferentes formas, colores y tamaños. Experimenta. Trata de usar lápices que están bien afilados y lápices que no lo están. Prueba usando primero la punta y luego el lado de la mina.

Pinceles

Si usas tinta o pintura, vas a necesitar pinceles. Los pinceles pueden ser muy finos para los detalles o muy gruesos para colorear espacios grandes. Cuando hayas terminado el trabajo limpia siempre los pinceles, para que no se estropeen.

Crayones o pasteles

El Heroico Aventurero siempre lleva un puñado de crayones de color. (No importa tu edad, los crayones son estupendos para dibujar caricaturas.) Los crayones te permiten añadir un toque rápido de color a tus caricaturas. Para lograr un gran efecto, trata de colorear con crayones y luego usa acuarelas para pintar sobre la superficie de las caricaturas.

Tiza

Las tizas de colores te pueden ofrecer unos efectos espectaculares. Prueba usar tiza sobre un papel tosco, en una pizarra o en la acera delante de tu casa.

Pinturas

Igual que las demás herramientas, las pinturas se presentan con colores y tipos diferentes. Las acuarelas y las pinturas acrílicas son muy buenas por sus colores brillantes. Además, son más fáciles de limpiar que las pinturas al óleo.

Fotocopiadora

Una fotocopiadora es una mina de oro para el caricaturista. Tu maestra o tus padres pueden ayudarte a hacer las copias que necesites. También hay tiendas que se especializan en hacer copias. Lleva una de tus asombrosas caricaturas y haz un montón de copias. Esto te permitirá experimentar con diferentes colores. Otro truco estupendo es mover despacio el dibujo de la caricatura mientras se copia. Esto va a deformar el dibujo y te va a dar unos resultados curiosos. Todo esto es muy divertido y no estropea el dibujo original.

Cartón

Trata de dibujar tus caricaturas en cartón. Después, puedes recortarlas y ponerlas de pie.

Papel

Quizás no lo sepas, pero existen miles de tipos de papel. Algunos papeles son suaves y otros no. Algunos papeles son impermeables y otros absorben muy bien la pintura y la tinta. Utiliza distintos tipos de papel con diversas plumas, pinturas y lápices.

Servilletas de papel

En alguna ocasión, seguro que tendrás que esperar a que llegue tu comida en una cafetería o un restaurante. La próxima vez que ocurra esto, toma algunas servilletas de papel y comienza a dibujar sobre ellas. La tinta de un bolígrafo en la servilleta se ve muy bien.

Revistas viejas

Toma algunas revistas viejas. Imagínate que eres el Dr. Frankenstein y recorta diversas partes del cuerpo. Luego, pega diferentes partes del cuerpo para crear personajes nuevos y estrambóticos.

Anuarios escolares viejos

Pídele a tus padres o amigos que busquen todos sus anuarios escolares viejos. Los anuarios son un lugar excelente para encontrar nombres raros para tus personajes. También puedes encontrar ahí algunas ideas para las caras y los peinados de las caricaturas.

Mezcolanza

Trata de mezclar todas las herramientas para crear caricaturas. Pinta el fondo y pega un monstruo con partes recortadas de una revista. Dibuja personajes con crayones y píntalos luego con acuarelas por encima.

Arcilla de modelar

La arcilla de modelar ofrece un mundo diferente para el caricaturista. Con la arcilla puedes crear personajes que has dibujado antes. A veces, es más difícil modelar un personaje con la arcilla que dibujarlo, porque tienes que decidir qué aspecto va a tener el personaje visto de perfil, por delante y por detrás.

DURANTE LA EDAD DE PIEDRA LA GENTE SOLÍA DIBUJAR EN LAS PAREDES DE LAS CUEVAS CON LA CORTEZA DE LOS ÁRBOLES Y EL JUGO DE BAYAS.

VAMOS A EMPEZAR, ¿TE PARECE?

¡VAMOS A DARLE UNA CARA HUMANA NORMAL, H.A.!

¡BLT! ¿SE TE HA OLVIDADO YA LA ÚNICA REGLA QUE HAY PARA DIBUJAR CARICATURAS? LA ÚNICA REGLA PARA DIBUJAR CARICATURAS ES...

¡NO HAY REGLAS!

POR MUCHO QUE TE ESFUERCES, ES IMPOSIBLE DIBUJAR UNA MALA CARICATURA. SI QUISIERAS DARLE A ESTA FIGURA DE PALO VEINTISIETE OJOS Y PELO VERDE, PODRÍAS HACERLO. SI QUISIERAS DARLE UNA CABEZA DE VACA Y EL CUERPO DE UN HÁMSTER, TAMBIÉN PODRÍAS HACERLO. ¡NO HAY REGLAS PARA DIBUJAR CARICATURAS! NO TE PREOCUPES SI ALGO TE SALE MAL. ALGUNAS DE MIS MEJORES CARICATURAS EMPEZARON SIENDO DIBUJOS QUE PENSÉ QUE ME HABÍAN SALIDO MUY MAL. ¡EN VEZ DE EMPEZAR DE NUEVO, CONTINÚE DIBUJANDO Y TERMINÉ CON ALGO TOTALMENTE DISTINTO, ORIGINAL E INESPERADO!

VAMOS A DARLE A ESTE POBRECITO UN PAR DE OJOS. LOS OJOS SON LA PARTE MÁS EXPRESIVA DE LA CARICATURA. TUS CARICATURAS DEBERÍAN TENER PERSONALIDAD Y EMOCIONES FUERTES. LOS OJOS AYUDAN A DARLE A LOS PERSONAJES UNA PERSONALIDAD FUERTE.

OJOS

pupilas

| puntos | círculos | lágrimas | ojos saltones | párpados caídos |

mucho dinero   ojos de loco

¿SABES LO QUE ME GUSTA HACER? ME GUSTA DIBUJAR LAS PUPILAS DE FORMAS DIFERENTES. DIBUJO EL SÍMBOLO DEL DÓLAR CUANDO UN PERSONAJE HA ENCONTRADO MUCHO DINERO. DIBUJO LAS PUPILAS EN FORMA DE CORAZONES CUANDO LOS PERSONAJES ESTÁN ENAMORADOS. A VECES CAMBIO LAS PUPILAS DE SITIO O LAS HAGO DE TAMAÑOS DIFERENTES.

ojos malvados   ojos graciosos

preocupado   enojado   sorprendido

acusador   mirada perdida   cansado

NARICES

La nariz es la característica más fácil de dibujar en una cara. Comienza con una forma básica, tal como un círculo o un triángulo. No tengas miedo de ajustar el tamaño y la proporción de la forma de la nariz.

Y AHORA, AMIGUITO, POR NARICES TENEMOS QUE DARLE NARICES A ESTAS FIGURAS DE PALO DEL BARÓN QUE TENEMOS DELANTE DE NUESTRAS NARICES. ¡JE, JE, JE!

Usa un círculo para la nariz.

Dibuja una C para la nariz.

Prueba con la forma de una hoja de trébol.

Utiliza dos lados de un triángulo para hacer una nariz puntiaguda.

Alarga la nariz hacia abajo.

A ver qué tan grande puedes hacer la nariz.

Trata de respingar la nariz y colorear las ventanitas de la nariz.

Un pepinillo abultado puede ser una nariz extraña. Añade verrugas y algunos pelos para hacerla más divertida.

También puedes dibujar las ventanitas de la nariz.

¿QUÉ HUELE?

¿QUÉ HUELE?

¿QUÉ HUELE?

Cuando uses formas, tales como un círculo o una letra C, no las hagas siempre igual. Trata de alargar-las, o aplastarlas para conseguir diferentes aparien-

normal   alargada   grande

aplastada   pequeña

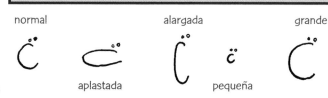

BOCAS

Una de las mejores maneras de hacer la boca de una caricatura es dibujar una línea. Prueba con líneas diferentes: largas, cortas, rectas, torcidas, onduladas y serradas. Cuando ya sepas bien hacer bocas con líneas, intenta a dibujar algunas bocas abiertas. No te olvides de dibujar los dientes y la lengua.

Esta es una boca sencilla con una línea.

Eleva la línea por debajo de la nariz.

Usa una línea serrada.

Haz una boca con una línea corta.

Usa una línea inclinada.

Haz una boca larga alrededor de la nariz.

Intenta una línea ondulada.

Intenta un triángulo y luego añade la lengua.

Trata de aplastar el triángulo.

Dibuja una lengua y algunos dientes en una boca abierta.

No todos los dientes son perfectos. Prueba con distintos tamaños y formas.

Deja que cuelgue la lengua desde la línea. Puedes dibujar algunas babas.

Dibuja una boca vista de perfil.

Sugerencia del Heroico Aventurero

Lo que dicen o piensan los personajes revela mucho acerca de su personalidad. ¿Son mezquinos o amables? ¿Serios o graciosos? ¿Tienen confianza en sí mismos o sienten celos fácilmente? El diálogo puede revelar elementos clave del argumento o hacer que el lector se ría de un chiste divertido. Cuando dibujes tus personajes, ¿qué tipo de cosas van a decir o pensar?

FORMAS DEL CUERPO

Cuando empieces a hacer tus caricaturas, utiliza formas sencillas para el cuerpo.

círculos y óvalos

triángulos

cuadrados y rectángulos

formas alargadas

VARONES

Diferentes formas y tamaños de cuerpo crean personalidades distintas. ¡Acuérdate de exagerar los rasgos!

Un hombre de gran musculatura tiene un pecho muy ancho.

Experimenta con el largo de los brazos y de las piernas.

Ensancha la panza de la caricatura de un comilón.

Los niños tienen la cabeza grande y el cuerpo pequeño.

Un jugador de baloncesto tiene un cuerpo muy alargado.

HEMBRAS

Las caricaturas de mujeres tienen un aspecto distinto que las de los hombres. Exagera características diferentes para crear incluso más personajes.

Usa un triángulo para el vestido de una niña.

Prueba con una figura más grande y más redonda.

Sugerencia del Heroico Aventurero
Prueba a mover la cintura de un personaje para conseguir un aspecto distinto.

Exagera la cintura estrecha para dibujar la caricatura de una supermodelo.

15

FORMAS PARA LA CABEZA

¡CARAMBA, CARAMBOLA, B.L.T. ESTO NO ES NADA FÁCIL!

¡TÚ LO HAS DICHO, MI AMIGOTE! ¡ME ESTÁ DANDO DOLOR DE CABEZA!

La forma de la cabeza de una caricatura no tiene que ser siempre redonda, como la cabeza de una persona real. Imagínate que la cabeza de una caricatura es un balón lleno de agua. Cuando lo aplastas desde arriba, la base se agranda. Cuando lo aprietas por abajo, la parte de arriba se ensancha. Cualquier forma puede servir para la cabeza de una caricatura. Con un lápiz, haz un boceto de la forma que vas a usar. Luego puedes usar esa forma como guía para dibujar la cabeza.

círculo

cuadrado

óvalo alargado hacia arriba

triángulo que apunta hacia arriba

triángulo que apunta hacia abajo

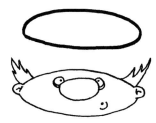

óvalo aplastado

Sugerencia del Heroico Aventurero

Las orejas se pueden hacer con una C o una C al revés. Las orejas se pueden colocar muy altas o muy bajas en la cabeza. Colócalas en lugares diferentes en la cabeza.

FORMAS COMPUESTAS PARA LA CABEZAS

La forma compuesta se crea con dos formas juntas. Mezcla diferentes formas para la cabeza para crear así una nueva caricatura.

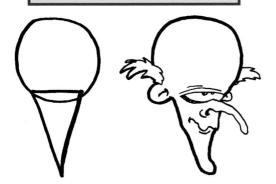

Coloca un círculo encima de un triángulo para lograr la forma de un cono de helado.

Añade un rectángulo encima de un círculo.

Trata de colocar un triángulo encima de un cuadrado.

Haz que el labio superior sobresalga por encima del inferior.

Haz que el labio inferior se extienda por debajo del labio superior.

COLOCACIÓN DE LOS RASGOS

Trata de crear caras diferentes con la misma forma de la cabeza. Dibuja varios círculos del mismo tamaño y luego coloca los rasgos en distintos lugares de la cara. Puedes experimentar también con rasgos de tamaños diferentes para lograr un nuevo aspecto.

arriba

abajo

arriba y abajo

a lo ancho

grande

pequeña

Para que un personaje tenga éxito, necesitas añadirle detalles. Uno de los mejores detalles que puedes añadirle a un personaje es el pelo. Al usar diferentes peinados no solamente se cambia la apariencia de un personaje, sino también su personalidad. Sé creativo con los peinados que usas. Como referencia, busca en revistas viejas o en los anuarios escolares para ver diferentes tipos de peinados.

MARÍA, MARÍA, MARÍA

MILITAR

Sugerencia del Heroico Aventurero

Mezcla y combina el pelo que le des a tus personajes. No te olvides de que el pelo también crece en otros lugares de la cabeza. Prueba con estilos diferentes de pelo, tales como bigotes, barbas, patillas, cejas e incluso el pelo de la nariz y de las piernas.

CHANCHITO PUNKI

SANTA CHANCHO

EL REY

DOLLY PORCINA

ROQUERO

NIÑA PRESUMIDA

CIENTÍFICO LOCO

CLUB DE LOS CERDOS CALVOS

BIGOTUDO

19

EXPRESIONES

¡QUE RINOCERONTE TAN APUESTO!

La mejor manera de aprender a dibujar las expresiones de la cara es mirándote en un espejo. Estudia lo que hace cada parte de tu cara cuando adoptas una expresión. Mira los rasgos y luego trata de dibujar esa expresión en tu bloc de dibujo. Con práctica, podrás dibujar todo tipo de expresiones sin pensar siquiera.

¡GRRRRRR!

FELIZ Y CONTENTO

¡NO ME DIGAS!

YA ME LO IMAGINABA

¡SONRISA DE OREJA A OREJA!

¡CREO QUE VOY A LLORAR!

¡BRAVO!

¡ESTO ES EL COLMO!

CALAMBRE CEREBRAL

¡AY! ¡AY!

PREOCUPADO

NO ME IMPRESIONA

¡JE, JE, JE!

¡AAAAAGH!

¿QUÉ MIRAS?

¡BUAAAAA!

¡UY!

ZZZZZZZ

¡PUM!

¿HE SIDO YO?

Sugerencia del Heroico Aventurero

Considera la importancia de dar a tus personajes expresiones extremas. A la gente le encantan los personajes con personalidad. Las expresiones ayudan a darle personalidad a tus personajes.

COMBINAR LOS ELEMENTOS

Para crear un personaje hay que empezar con muchos bocetos. Mezcla y combina las formas sencillas del cuerpo y de la cara que ya has aprendido hasta que logres algo que te guste. Luego, combina los rasgos faciales diferentes para lograr nuevas caras. Las posibilidades son infinitas, por eso, no te des por vencido después del primer intento.

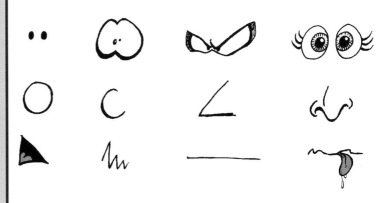

1. Comienza tu personaje haciendo un boceto con formas sencillas para la cabeza y el cuerpo.

2. Añade brazos y piernas. Dibuja rasgos faciales diferentes.

3. Añade los detalles, tales como el pelo y la ropa. Dibuja la ropa de tu personaje con crayones, marcadores o pinturas.

COLOCACIÓN DE LA CABEZA

Trata de colocar la cabeza en diferentes lugares en el cuerpo.

abajo en el pecho

encima del cuerpo

al extremo de un cuello largo

Rastro de humo
Añade un rastro de humo detrás de un personaje para dar la ilusión de que va "quemando llanta."

Líneas de velocidad
Para dar el efecto de velocidad y movimiento, dibuja unas líneas que se extienden detrás del personaje.

Posturas extremas
Cuando tú corres, ¿lo haces saltando de arriba abajo? ¡Probablemente no!

Cuando corres, te inclinas hacia delante. Cuanto más se incline hacia delante tu personaje, parecerá que corre más rápido.

En vez de inclinarse hacia delante tu personaje cuando corre, también puede, de hecho, inclinarse hacia atrás. Esto le da una apariencia de pánico.

Cuando dibujas a tu personaje borroso, parecerá que se está moviendo muy acelerado.

Sombras
Si añades una sombra debajo de tu personaje, parecerá que está corriendo en el aire.

25

HACIÉNDOTE PASAR POR UNA APACIBLE CERDITA EXPLORADORA, ENGAÑARÁS AL BARÓN DEL TEDIO PARA QUE ABRA LA PUERTA Y COMPRE ALGUNAS DE TUS DELICIOSAS GALLETAS.

¡ESPERA UN MINUTO! ¡UNA CERDITA EXPLORADORA!

¡NO SABES LO QUE DICES SI CREES QUE ME VOY A PONER EL UNIFORME DE CERDITA EXPLORADORA! ¿ME IMAGINAS VESTIDO CON UNA FALDITA?

¡NO LO VOY A HACER!

¡¡NO LO VOY A HACER!!

¡¡¡NO LO VOY A HACER!!!

Sugerencia del Heroico Aventurero

Añade humor a tus caricaturas disfrazando a tus personajes y colocándolos en situaciones que no encajen con su personalidad. Trata de pensar en lo opuesto de lo que el personaje estaría haciendo, o la ropa que estaría llevando normalmente.

¿DE QUÉ TE RÍES TÚ, INMENSO SACO DE PATATAS?

27

¡ESTÁN A PUNTO DE SUFRIR EL ASOMBROSO PODER DEL ABURRIMIENTO!
ASÍ ES, MIS RIDICULOS AMIGOS... ¡LAS DIAPOSITIVAS DE LAS VACACIONES DE LA FAMILIA DEL TEDIO!

NUESTROS HÉROES FINALMENTE SE DESPIERTAN, DESPUÉS DE UNA SESIÓN CRUEL, BRUTAL Y DOLOROSA DE 17 HORAS DE VER LAS DIAPOSITIVAS DE VACACIONES DE LA FAMILIA DEL TEDIO, Y SE ENCUENTRAN ATADOS A UNA TABLA CON UNA CUERDA MUY FUERTE. SE DIRIGEN A GRAN VELOCIDAD HACIA UNA SIERRA MUY GRANDE Y MUY AFILADA. ¡EL FUTURO DE ESTOS DOS VALIENTES PERO SIMPLES HACEDORES DEL BIEN SE PRESENTA SOMBRÍO, EN EL MEJOR DE LOS CASOS!

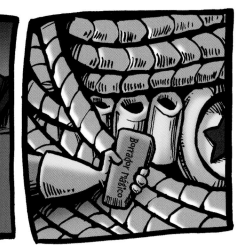

OYE, COMPAÑERITO, ¿PUEDES AGARRAR EL BORRADOR QUE TENGO EN MI CINTURÓN DE HERRAMIENTAS?

MANOS

1. Dibuja un círculo al final del brazo.

2. Añade un pulgar apuntando hacia un lado.

3. Añade tres o cuatro dedos.

Hablando de agarrar, algunas de las cosas más difíciles de dibujar son las manos. ¡No te desanimes! Si practicas dibujando manos, serás cada vez mejor. Al principio no trates de dibujar todas las articulaciones y detalles de la mano. Usa un círculo para la palma y haz los dedos sencillos y redondeados.

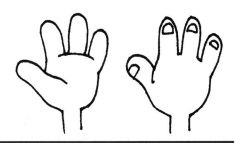

Dibuja unos dedos largos y delgados

Para un bebé, dibuja manos pequeñas y regordetas.

Cuando dibujes el lado de la palma, extiende el pulgar a través de la palma. Si vas a dibujar el dorso de la mano, añade las uñas a los dedos.

MÁS MANOS

Sugerencia del Heroico Aventurero

La exageración es cuando vas más allá de la verdad para deformar algo. No dibujes a alguien alto, dibújalo muy alto. No dibujes a alguien bajito, dibújalo muy bajito.